Brincando com Trava-línguas

Organização
Jakson de Alencar

Ilustrações
Cláudio Martins

PAULUS

Dados Internacionais de Catalogação na Publicação (CIP)
(Câmara Brasileira do Livro, SP, Brasil)

Brincando com trava-línguas / organização de Jakson de Alencar; ilustrações de Cláudio Martins. 2. ed. São Paulo: Paulus, 2020. Coleção Biblioteca Infantil.

ISBN 978-65-5562-118-1

1. Trava-línguas - Literatura infantojuvenil I. Alencar, Jakson de II. Martins, Cláudio

20-4050   CDD 028.5
                                                          CDU 028.5

Índice para catálogo sistemático:

1. Trava-línguas - Literatura infantojuvenil

2ª edição, 2020
1ª reimpressão, 2023

Direção editorial
Zolferino Tonon

Coordenação editorial
Alexandre Carvalho

Ilustrações
Cláudio Martins

Produção editorial
AGWM Artes Gráficas

Impressão e acabamento
PAULUS

© PAULUS – 2020

Rua Francisco Cruz, 229 • 04117-091
São Paulo (Brasil)
Tel.: (11) 5087-3700
paulus.com.br • editorial@paulus.com.br

ISBN 978-65-5562-118-1

Coleção **Biblioteca Infantil**

• *O pequeno polegar* (recontado por Rodrigo Pontes Torres) • *Pinóquio* (recontado por Rodrigo Pontes Torres) • *Os músicos de Brêmen* (recontado por Rodrigo Pontes Torres) • *João e o pé de feijão* (recontado por Bruno Souza da Silva) • *A pequena sereia* (recontado por Bruno Souza da Silva) • *O gigante egoísta* (recontado por Rodrigo Pontes Torres) • *Ali Babá* (recontado por Bruno Souza da Silva) • *O soldadinho de chumbo* (recontado por Rodrigo Pontes Torres) • *O Rei Midas* (recontado por Rodrigo Pontes Torres) • *Aladim e a lâmpada maravilhosa* (recontado por Rodrigo Pontes Torres) • *Cinderela* (recontado por Bruno Souza da Silva) • *Os três porquinhos* (recontado por Bruno Souza da Silva) • *A bela e a fera* (recontado por Bruno Souza da Silva) • *Os presentes do povo miúdo*, Irmãos Grimm • *Meus primeiros contos clássicos brasileiros*, Jakson Ferreira de Alencar (org.) • *O urubu e o sapo & O velho e o tesouro do rei*, Jakson Ferreira de Alencar (org.) • *Brincando com adivinhas*, Jakson Ferreira de Alencar (org.) • *Mani, a origem da mandioca* (lenda guarani, anônimo) • *As moedas-estrelas*, Irmãos Grimm • *Brincando com provérbios populares*, Jakson Ferreira de Alencar (org.) • *Traquinagens de João Grilo em cordel*, Jakson Ferreira de Alencar (org.) • *Brincando com trava-línguas*, Jakson Ferreira de Alencar (org.) • *Brincando com parlendas*, Jakson Ferreira de Alencar (org.) • *A água da vida*, Irmãos Grimm • *Fernando Pessoa para crianças*, Jakson Ferreira de Alencar (org.)

Atrás da pia tem um prato,
um pinto e um gato.
Pinga a pia, apara o prato,
pia o pinto e mia o gato.

O cozinheiro cochichou que havia cozido chuchu chocho num tacho sujo.

Caixa de graxa grossa de graça.

Lanço o laço no salão.
O lenço, lanço.
A lança, não.

Porco crespo, toco preto.

Um limão,
dois limões,
meio limão.

Quando toca a retreta, na praça repleta

se cala o trombone, se toca a trombeta.

Tecelão tece o tecido,
em sete sedas de Sião.
Tem sido a seda tecida,
na sorte do tecelão.

O pinto pia,
a pia pinga.
Quanto mais
o pinto pia,
mais a pia pinga.

A aranha arranha a rã.

A rã não arranha a aranha.

Um prato de trigo para um tigre,
dois pratos de trigo para dois tigres,
três pratos de trigo para três tigres.

Não sei se é fato ou se é fita,
não sei se é fita ou fato.
O fato é que você me fita
e fita mesmo de fato.

Pedro Pereira Pedrosa pediu passagem para Pirapora.

Um tigre,
dois tigres,
três tigres.

— Pardal pardo por que palras?

— Eu palro e palrarei porque sou o pardal pardo palrador do Rei!

O rato

roeu

a roupa

do Rei

da Rússia,

e a Rainha,

com raiva,

resolveu

remendar.

Pedro pregou um prego na porta preta.

Olha o sapo dentro do saco,
o saco com o sapo dentro,
o sapo batendo papo
e o papo soltando o vento.

A vaca malhada foi molhada por

outra vaca molhada e malhada.

Quico **q**uer **caqui**.
Que **caqui q**ue o **Quico q**uer?
O **Quico q**uer **q**ualquer **caqui**.

O Pedro pregou um prego na pedra.

Atrás da porta torta tem uma porca morta.

A tia limpa o prato com um trapo.

O Juca ajuda:
encaixa a caixa,
agacha,
engraxa.

A lontra prendeu a tromba

do monstro de pedra

e a prenda de prata

de Pedro, o pedreiro.

Bagre branco, branco bagre.